L. RADET

LE SIÈGE DE MONTARGIS

1427

> « On les vit ainsi que poissons
> « Au milieu de l'étang de cuivre
> « Etre pris à nos hameçons,
> « Lassés de boire et non de vivre. »
>
> (*Fragment d'une ballade de 1663.*)

MONTARGIS
LIBRAIRIE ET PAPETERIE H. CHARTIER
59, RUE DE LOING, 59
—
1888

In the interest of creating a more extensive selection of rare historical book reprints, we have chosen to reproduce this title even though it may possibly have occasional imperfections such as missing and blurred pages, missing text, poor pictures, markings, dark backgrounds and other reproduction issues beyond our control. Because this work is culturally important, we have made it available as a part of our commitment to protecting, preserving and promoting the world's literature. Thank you for your understanding.

PRÉFACE

Donner à la jeunesse des écoles primaires des notions exactes sur les principales nations du globe et particulièrement sur notre bien-aimée patrie; leur faire connaître, sous une forme brève, l'histoire des différents peuples et les événements qui ont fait de notre vieille Gaule, la France actuelle; c'est certes l'œuvre la plus utile et la plus féconde que puissent se proposer des hommes qui ont reçu la mission de préparer les générations de l'avenir.

Tous les gouvernements qui se sont succédé en France, depuis la grande aurore de 1789, ont contribué, dans la mesure du possible, à augmenter la somme des connaissances indispensables, mais il n'est que juste de reconnaître que de nos jours, un pas décisif a été fait, et que désormais, les déshérités de l'instruction ne seront qu'une infime exception.

Mais s'il est utile d'apprendre aux jeunes gens l'histoire de leur patrie, je crois qu'il serait tout aussi nécessaire de leur faire connaître les événements remarquables qui ont eu pour théâtre le pays natal; il n'est que trop facile de constater que, sur ce point, l'ignorance du public est absolue.

Presque tout est à faire, et c'est pour essayer de combler un peu cette regrettable lacune que je donne aujourd'hui aux habitants de Montargis le récit du mémorable siège de leur ville par nos éternels rivaux, les Anglais. Je serais heureux si j'avais contribué par ce court récit à leur faire retrouver un peu de notre vieille fierté gauloise, et une foi inébranlable dans les destinées de notre chère France.

L. R.

A M. CH. DESVERGNE

ÉLÈVE DE L'ÉCOLE DES BEAUX-ARTS

En cherchant à vous retracer
De Gaillardin quel fut le rôle,
Je sens que ma muse s'envole;
Et moi, loin de m'en courroucer,
Pour obéir à son caprice,
Au lieu d'une simple notice,
Je vous fais un long plaidoyer
Pour vous prouver que la vaillance
Des habitants de Montargis
Leur a valu la délivrance,
Quand l'Anglais régnait à Paris!...
Vous voyez que ma folle muse
M'a fait parcourir du chemin,
Peut-être est-elle un peu confuse?...
Mais si vous trouvez que j'abuse,
Pardonnez-moi pour Gaillardin.

PROLOGUE

> « Deposuit potentes de sede
> « et exaltavit humiles. »
> *(Cantique de la Vierge.)*

Toi qui du haut des cieux tiens dans ta main puissante
  Le sort de l'Univers,
Jette un regard d'amour sur l'Europe tremblante
  Qui te demande, frémissante,
De consoler un peuple accablé de revers.

Ce peuple, ton élu, de l'Europe oublieuse
  Est le vrai gouvernail ;
S'il tombe, qui broiera cette humeur belliqueuse
  De nos voisins, race haineuse ?
Qui guidera le frein des peuples en travail ?

Déjà le vainqueur dit qu'une règle fatale
  A tracé le chemin.
Que la France aux abois, brûlant sa capitale,
  Donne au monde son dernier râle,
Et que son nom si grand ne sera plus demain !...

France, unis tes enfants pour la lutte suprême,
  Songe à ton avenir !
Sous ton drapeau sacré la Victoire elle-même
  Viendra ceindre d'un diadème
Ton noble front meurtri qu'on voudrait avilir !

LE SIÈGE
DE MONTARGIS
1427

« Sustinet labentem »
(*Armes de la ville*, *1430*.)

I

Le peuple n'avait plus son antique vaillance,
Un prince anglais régnait sur notre belle France,
    Il était maître de Paris.
La guerre était partout, et quelle horrible guerre,
Armagnacs, Bourguignons répandaient la misère
    Et la terreur dans le pays.

Warwick à la faveur de toutes ces discordes (1)
Autour de nos cités rôdait avec ses hordes,
    Convoitant surtout Montargis.
Cette ville pourtant avait peu d'importance,
Mais elle était fidèle au Dauphin, à la France;
    C'était un pays insoumis.

La Faille y commandait. Homme énergique et sage, (2)
Il sut communiquer son zèle et son courage
      Aux hommes d'armes, aux défenseurs...
Peut-être la cité, d'ennemis entourée,
Avait ouï parler de Jeanne l'inspirée, (3)
      De Domrémy, de Vaucouleurs !

II

Les bastions, les tours, l'enceinte crénelée
Et surtout le Castel, commandaient la vallée ;
      L'Ouanne, le Loing et le Puiseaux
Emplissaient les fossés de la ville française,
Puis, les marais fangeux où de l'armée anglaise
      Warwick préparait les tombeaux.

Dans cet espace étroit s'était réfugiée
La population de toute la contrée : (4)
      Bois et vivres allaient manquer.
On savait cependant que La Hire et Xaintrailles (5)
Amenaient un convoi, et l'on rêvait batailles,
      Car il fallait se débloquer.

Hélas ! les défenseurs de la ville affamée
Attendaient vainement cette petite armée ;
      Et la faim se faisait sentir !
C'est alors qu'enflammés d'une sainte colère,
Ces hommes que n'a pu terrasser la misère
      Jurèrent de vaincre ou mourir !

III

Avec un soin jaloux conservons la mémoire
De ces noms glorieux qu'enregistre l'Histoire,
      Jeanne Hachette, Bisson, (6)
Le chevalier d'Assas, Bonaparte, Cambronne, (7)
Jeanne, vierge martyre qui sauva la Couronne;
      Et de tous nos héros sans nom!

Salut! chers Montargois, vous êtes de ce nombre
Valeureux citoyens, qui, par une nuit sombre
      Osâtes défier le sort;
On avait bien parlé des étangs de Licaire, (8)
Mais pour exécuter cet acte téméraire,
      Il fallait affronter la mort!

IV

Deux braves sont partis, laissant les deux armées
D'espoirs tout opposés l'une et l'autre bercées :
      On attendit pendant trois jours.
Le silence régnait, mais on voyait La Faille
Faisant tout préparer pour la grande bataille
      Et surveillant du haut des tours...

La quatrième nuit accomplissait sa course,
Les heures s'envolaient au beffroi, la grande Ourse
      Était déjà sur le déclin;
Les deux camps s'observaient dans ce profond silence,
Il semblait qu'en son cœur, chacun eût conscience
      Que le dénouement fût prochain.

Parfois on entendait le cri des sentinelles
Veillant aux bastions, et du haut des tourelles,
  Épiant le camp ennemi.
C'était la grande nuit d'attente et de prière
Mais les cœurs étaient hauts, tout respirait la guerre;
  Pas un défenseur n'eût dormi!

V

Soudain, un bruit confus s'élève dans les plaines,
Ce bruit monte, grandit, ce sont des voix humaines,
  Puis, c'est une vaste clameur...
Aux armes, Montargois! vos messagers fidèles.
Vaillamment secondés des gens de Champignelles
  Vous envoient un fléau sauveur!

Entendez-vous le flot de ces eaux vengeresses?
C'en est fait de l'Anglais, de toutes ses prouesses,
  Il faut que la fière Albion
Pour la première fois tremble dans sa puissance,
Qu'elle entende ce cri : « Vive le Roi de France! »
  Qu'importe qu'il soit à Chinon !

Frappez, et que les chefs soient votre point de mire,
Surtout ne craignez rien, voici venir La Hire,
  Il s'avance par Chevillon... (9)
L'Histoire a conservé la naïve prière
De ce cœur généreux, de cette âme si fière
  Digne des Grecs de Marathon!

VI

Richemont commandait cette vaillante armée (10)
Sur les bords de la Loire à grand'peine assemblée,
      Tous gens de courage et de foi ;
Dunois fut désigné pour diriger l'escorte (11)
Qui s'en allait tenter de franchir une porte
      De la ville fidèle au Roi.

Warwick était au nord de la ville investie,
Bedfort avec Suffolck garnissaient la prairie (12)
      Qui s'étend jusques à Conflans ; (13)
La Pool, bien retranché, campait dans la vallée (14)
Par où se dirigeaient la Hire et sa poignée
      D'infatigables combattants. (15)

Le soleil, dont l'éclat verse partout la vie,
Lançait du haut du ciel ses feux dans la prairie
      Que fertilise le Puiseaux ;
En ce moment, La Hire et sa rude avant-garde
Se jettent hardiment sur La Pool qui regarde
      Avec terreur les grandes eaux !

Les Gascons, que jamais nul obstacle n'arrête,
Poussent sus aux remparts de la cité qui guette
      Le vrai moment d'intervenir ;
Un combat furieux, une horrible mêlée
Fait voler en éclat les lances, les épées ;
      Mais, hélas ! pourront-ils tenir !...

Ils allaient succomber, écrasés sous le nombre,
La Hire était partout, muet, étrange, sombre,
  Les yeux sans cesse à l'horizon ;
Il sait que de Dunois l'arrivée est prochaine
Et le voyant enfin déboucher dans la plaine,
  Le calme renaît sur son front.

VII

Suffolck voit le danger, il accourt, il traverse
Le Loing, malgré les eaux qu'à cette heure il déverse
  Et qui vont submerger son camp ;
Mais La Hire et Dunois acculent cette armée
Dans l'immense marais qui couvre la vallée
  Convertie en un vaste étang.

Mercadieux est là, qui barre le passage ; (16)
C'est alors que commence un horrible carnage :
  L'Anglais fuit devant le torrent
Des Montargois vengés qui, sortis de la place,
Se jettent à leur tour pleins d'entrain et d'audace
  Sur les bataillons du Régent [1].

C'est dans ce grand moment que paraît sur la scène
Un homme audacieux que son ardeur entraîne ;
  Il avait vu dès le matin
La plaine submergée et les Anglais aux prises,
Contraints d'abandonner les hauteurs reconquises
  Du grand plateau de Saint-Firmin. (17)

1. Voir le 2e paragraphe de la page 24.

VIII

C'était, dit dom Morin, un bourgeois de la ville.
La légende le fait d'origine plus vile,
    · Mais qu'il soit bourgeois ou vilain,
De ce héros du siège on retrouve à grand'peine
Un récit écourté, qui retrace la scène
    Où s'est illustré Gaillardin.

Il fallait cependant qu'il eût quelque courage (18)
Pour frapper sir Windam au milieu du carnage
    Et s'emparer de l'étendard?
Cela fut fait pourtant, c'est au milieu des gardes
Que Gaillardin le prit, bravant les hallebardes;
    Ainsi faisait le grand Bayard!...

Est-il besoin qu'un homme ait gagné vingt batailles,
Et qu'il soit revêtu d'une cotte de mailles
    Pour avoir un droit à l'airain?
Quoi! dans notre cité reste inconnu cet homme
Dont on eût fait jadis un demi-dieu dans Rome;
    Macaire vaut-il Gaillardin?... (19)

Trop longtemps vous avez oublié sa mémoire.
Une croix, c'est beaucoup, mais c'est peu pour l'Histoire;
    Un bronze serait beaucoup mieux.
Il faut qu'un monument rappelle ce fait d'armes,
Et qu'il dise à vos fils les mortelles alarmes
    De ceux qui furent leurs aïeux!...

IX

De La Pool, de Suffolck. Warwick voit la défaite,
Il veut les secourir, mais le torrent l'arrête,
    Et les assiégés pleins d'espoir
S'avancent à grands pas vers la plaine inondée,
Jetant dans les marais cette solide armée...
    Warwick s'enfuyait dès le soir.

X

Ah : n'oublions jamais cette belle défense,
Montargis combattait pour notre délivrance
    Quand tout espoir était perdu !
Ces preux, du Gâtinais, ont enrichi l'histoire,
Ils auront à jamais pour eux l'insigne gloire
    De l'avoir si bien défendu.

Par ces hauts faits, ils ont ranimé les courages,
Relevé notre honneur et vengé les outrages
    Que l'Anglais nous faisait subir ;
Applani le chemin de Jeanne triomphante
Qui devait délivrer la France haletante
    Et préparer son avenir !

                      L. RADET.

NOTA

Un de nos amis ayant pris connaissance du manuscrit, nous a adressé les strophes suivantes sur Gaillardin; comme elles complètent fort à propos notre opuscule, nous avons pensé être agréable au lecteur en les insérant ici sous forme de conclusion.

GAILLARDIN

Depuis ces derniers temps on dresse des statues
A tous les carrefours, à tous les coins de rues:
      C'est une avalanche d'airain.
Le hameau, sur ce point, le dispute à la ville:
Chacun veut son grand homme, idole au pied d'argile
      Demi-dieu plus ou moins bon teint.

Je constate ce fait, et j'en fais la critique.
Pour sacrer un héros je le veux authentique,
      Animé d'un souffle divin;
Qu'il ait porté l'épée ou fait vibrer la lyre
Devant lui je m'incline, et toujours je l'admire,
      Ainsi je fais pour Gaillardin!

Gaillardin, notre frère, âme noble et virile,
Grand comme les héros d'Homère et de Virgile,
   Pendant des Bourgeois de Calais!
A nous, ô Montargois, un grand devoir incombe :
A l'oubli nous devons arracher cette tombe,
   Mettre un bronze où manque un cyprès.

Quoi! celui qui rompit les digues de Licaire
Et qui du fier Anglais arracha la bannière,
   N'aurait qu'une croix au chemin?
Entendez-vous, là-bas, l'opinion qui monte?
A l'œuvre! et sur-le-champ, effaçons cette honte,
   Crime de lèse-citoyen.

Dussé-je sur la brèche être seul, je proteste
En faveur de ce preux, bourgeois simple et modeste,
   Qui fut grand parmi les plus grands.
Je veux que sur les lieux où sa cendre repose,
On lui paie, en un jour, par une apothéose,
   Cette dette de cinq cents ans.

Je veux qu'un monument, majestueux, durable,
Rappelle à nos enfants sa conduite admirable
   Aux jours sombres mais glorieux;
Que chacun dans ces murs, témoins de sa victoire.
Vienne acclamer son nom, vénérer sa mémoire,
   Prendre son souffle audacieux.

Et tant qu'en notre ville, à son grand cœur si chère,
Ne s'élèvera pas calme, énergique et fière,
    L'image du déshérité,
Je poursuivrai toujours cette divine tâche,
Je prêcherai partout, sans trêve ni relâche,
    Son droit à l'Immortalité.

L. M.

NOTES

(1) Richard de Beauchamps, comte de Warwick, commandant en chef des troupes anglaises, gouverneur de Paris pendant l'occupation. Son camp s'étendait sur tout le terrain occupé aujourd'hui par le Pâtis, l'avenue de la Gare et le faubourg de la Chaussée. On avait creusé de profondes tranchées, et il avait fait élever un fort qui dominait la place et lui faisait beaucoup de mal.

Les corps de Warwick, autour de la place, étaient mal distribués au point de vue stratégique; ils étaient disposés sur une trop grande étendue, mal reliés par des ponts faciles à détruire. Dunois ayant appris ces dispositions par les habitants de la campagne, put combiner un plan d'attaque qui avait toute chance de réussir.

(2) Boujon de La Faille était un capitaine originaire de Gascogne.

(3) Jeanne d'Arc est connue de tous, il est inutile de raconter sa mission.

(4) La ville était très restreinte à cette époque; le château formait une très forte citadelle, ayant de profonds fossés avec murailles, tours, machicoulis, etc... De cette citadelle partaient les murs d'enceinte de la ville, et on peut encore en trouver beaucoup de vestiges sur tout le parcours du canal actuel, qui formait à cette époque le fossé de l'enceinte. Ce mur tournait à angle droit, bordait la branche du Loing, qui alimente le moulin de l'Etoile et,

de là, va se jeter dans le Puiseaux, puis, il se soudait à ceux de la citadelle, à l'endroit où se trouve aujourd'hui l'escalier qui fait communiquer la rue Girodet avec la rue du Château. Ce n'est que cent ans plus tard et plus, que fut construite la nouvelle enceinte qui part de la branche du Loing dont il est parlé, tourne à angle droit sur le boulevard des Belles-Manières, puis, tourne encore à angle droit, après avoir dépassé le moulin qui se trouve à l'angle de la rue Gambetta, pour se souder à l'ancien mur d'enceinte, à hauteur du n° 9 de la rue Girodet. On ajouta ainsi à la ville une grande île marécageuse qu'on appelait l'île Amadou, et qui forme aujourd'hui la place du Marché-au-Blé et une partie des rues Dorée et Gambetta.

(5) Estienne de Vignoles (dit La Hire), capitaine, né dans le Bigorre, brave jusqu'à la témérité. Sa prière à Chevillon a été conservée : « Sire Dieu, je te prie que tu fasses aujourd'hui pour La Hire autant que tu voudrois que La Hire fist pour toi, s'il estoit Dieu, et tu fusses La Hire. » Il fut l'un des héros de la reprise d'Orléans, sous la conduite de Jeanne d'Arc.

Pothon de Xaintrailles [1], l'un des fidèles compagnons de La Hire, écuyer de Charles VII, plus tard gouverneur de la ville de Bordeaux et maréchal de France, était à la suite de Jeanne d'Arc sous Orléans.

(6) Jeanne Hachette (son vrai nom est Fouquet ou Laisné) se mit à la tête des défenseurs de Beauvais, en 1472 et força l'ennemi à lever le siège.

(7) Bisson Henri, lieutenant de vaisseau, né en Bre-

1. Pendant son séjour à Montargis, il habitait le Château-Blanc qu'on désigne encore aujourd'hui sous le nom de la Pontonnerie — *Potbonnerie*.

tagne. Refuse de se rendre et se fait sauter avec son équipage (6 novembre 1827).

Nicolas, chevalier d'Assas, capitaine au régiment d'Auvergne. Surpris dans une embuscade, on lui promet la vie sauve s'il se tait, mais il s'écrie : « A moi, Auvergne, voilà les ennemis ! » et tombe percé de coups.

Bonaparte, au pont d'Arcole, franchit ce pont presque seul, à pied, un drapeau à la main et sous une pluie de fer; il entraîne ainsi ses troupes (17 novembre 1796).

Cambronne Pierre-Jacques-Etienne, général, né à Saint-Sébastien, près Nantes. Qui ne connaît son rôle héroïque et la réponse que la tradition lui prête à Waterloo?

(8) Les étangs de Licaire étaient situés près de Champignelles, arrondissement de Bléneau (Yonne), ils étaient très vastes, et leurs eaux se déversaient dans le Loing et l'Ouanne.

(9) Chevillon, petit bourg à 10 kilomètres de Montargis.

(10) Arthur de Bretagne, comte de Richemont, duc de Bretagne en 1457, connétable de France sous Charles VII. Il accompagnait Jeanne d'Arc à la reprise d'Orléans.

(11) Comte de Longueville et de Dunois (dit le Bâtard d'Orléans). L'un des héros de la reprise d'Orléans et de la bataille de Patay. Charles VII le déclara prince du sang en récompense des services qu'il avait rendus à son roi et à son pays.

(12) Duc de Bedfort (Jean Plantagenet), régent de France, frère puîné d'Henri V d'Angleterre, proclamé roi de France à Paris en 1420. Commandant de l'armée assiégeante, au sud de Montargis, avec Suffolck sous ses ordres. C'est lui qui a dirigé les débats du procès de Jeanne

d'Arc, l'a fait condamner au supplice atroce du feu. Ce sera la honte éternelle de la couronne d'Angleterre.

(13) Conflans, petite bourgade au sud-est de Montargis, au confluent de l'Ouanne et du Loing.

(14) La Pool était un lieutenant de Warwick.

(15) La vallée du Puiseaux, territoire de Villemandeur.

(16) Mercadieux commandait l'arrière-garde de Dunois, composée d'infanterie. Au moment où, pour mieux juger du combat, il relevait la visière de son casque, il fut atteint dans la bouche par une flèche. Il arracha lui-même le fer et continua la lutte!

(17) Saint-Firmin est situé à deux kilomètres environ de Montargis, sur un plateau qui domine la ville, c'est pourquoi l'ennemi tenait tant à le conserver. C'est sans doute sur ce plateau qu'a dû se passer l'action principale; le chemin public, qui de Saint-Firmin rejoint la grande route de Lyon, se nomme encore aujourd'hui le chemin de Brise-Lances; il est probable qu'il se continuait jusqu'au bourg de Villemandeur et à Chevillon.

(18) Sir Windam était le porte-étendard du comte de Warwick. — Triste retour des esprits. En 1793, sous prétexte de fraternité et de fédération des peuples, on brûlait ce drapeau sur la place de la Fédération (le Pâtis), au moment même où l'Europe se coalisait contre nous, à l'instigation de l'Angleterre!... Ce même jour, et sous les mêmes prétextes, on détruisait le monument dit Croix des Anglais, élevé en 1716 pour perpétuer le souvenir du siège. Il était situé à la bifurcation des allées de la Gare, de celle qui se dirige en ville et du chemin de Chalette.

(19) Légende du chien de Montargis. Macaire est vaincu dans un combat en champ clos, selon la mode du temps, par le chien d'Aubry de Montdidier, qu'il avait assassiné dans la forêt de Bondy. (Rien d'historique pour Montargis.)

Gaillardin. Son véritable rôle dans la défense n'est pas bien défini, sauf l'enlèvement de l'étendard anglais, ce qui suffit amplement à sa gloire. La légende dit qu'il était le chef de la Milice bourgeoise, et qu'il aurait fortement contribué par ses conseils à l'exécution du projet d'inondation du camp de Warwick, par la rupture des digues des étangs de Licaire; mais il n'est pas démontré historiquement qu'il soit l'un des auteurs de cette inondation.

NOTES COMPLÉMENTAIRES

Sur la route d'Orléans, et au sortir du faubourg qui porte ce nom, a été élevée une croix ; sur le socle on lit :
« A la mémoire de Gaillardin, citoyen de Montargis, qui, « dans le combat livré sous les murs de cette ville, s'em- « para de l'étendard de Warwick (5 septembre 1427).

L'armée anglaise comptait 6.000 hommes. Dunois avait avec lui 1.500 hommes, cavalerie et infanterie, et La Hire avait avec lui 900 Gascons connus pour leur témérité. La cavalerie s'élevait à 600 chevaux.

Pendant la sortie, les habitants de Montargis montrèrent une grande bravoure, beaucoup d'entre eux ne craignirent pas de se jeter à la nage pour poursuivre l'ennemi et lui faire le plus de mal possible (Bolvin, *Recherches historiques sur Montargis*).

« Lesdits ennemis furent vaincus et desconfits, et par « ce, fut levé leur dit siège qui a esté le commencement et « cause de nostre bonheur. » (Extrait de la Charte donnée à Jargeau en mai 1430 par Charles VII en faveur de Montargis, qui reçut le titre de Montargis-le-Franc.)

Dans cette journée, l'armée anglaise eut 1.500 hommes tués et 600 prisonniers ; l'armée française fit un butin considérable et toute l'artillerie de l'ennemi tomba en son pouvoir. Dunois fit ce même jour son entrée dan[s la] place. Les Anglais, disent les rapports officiels, par[tis] en déroute, embourbés dans les marais, regagnèrent p[éni]blement le quartier général de Warwick qui recueillit [les] débris, rallia sa réserve, et se réfugia à Ferrières (6 s[ep]tembre 1427). On voyait vers 1660, sculptés sur le m[an]teau de pierre de la cheminée de l'ancien hôtel de vi[lle] plusieurs Anglais nageant dans les eaux du Loing et s'[at]tachant aux arbres de la forêt.

Le poète a placé l'action de Gaillardin pendant la mê[lée] du combat de La Hire et Dunois avec les troupes de [la] Pool et de Suffolck entre Saint-Firmin et Villemandeu[r], mais il paraît certain que cet étendard a été pris penda[nt] la sortie que fit La Faille dans le camp de Warwick. Il [est] dit à peu près textuellement dans les documents du temp[s :] « La Faille sort de la place avec tout son monde et [se] précipite dans le camp à moitié submergé du comte [de] Warwick où l'on se battait quasi à la nage, et, où l[es] nôtres triomphèrent. »

La devise de Montargis, *Sustinet Labentem*, exprim[e] dans notre langue cette pensée : « Ils ont soutenu la Ma[i]son royale », et nous pouvons ajouter que ce fut le pr[e]mier réveil de la vieille fierté gauloise et l'avant-coureu[r] du grand mouvement national provoqué par la merveil[l]euse énergie de Jeanne d'Arc en 1429, énergie qui a sauv[é] la France de l'abime !

Paris. — Imp. de la Soc. de Typ. - NOIZETTE, 8, r. Campagne-Première.

Printed by Libri Plureos GmbH in Hamburg, Germany